MON DERNIER MOT

SUR LES

ÉLECTIONS PROCHAINES,

DANS

LES DÉPARTEMENS

DU

HAUT-RHIN ET DU BAS-RHIN;

PAR

C. Marchand.

„Si les électeurs patriotes veulent être forts, il faut qu'ils soient unis„

A STRASBOURG,

Chez Pfæhler et Comp.ᵉ petites arcades, N.º 6.

Chez Alexandre, rue brûlée N.º 28.

Chez Philippe-Jacques Dannbach, rue St.ᵉ Hélène N.º 7.

A COLMAR, chez Pannetier, libraire.

A MULHOUSE, chez Rissler et Comp.ᵉ imprimeurs-libraires.

MON DERNIER MOT

SUR LES ÉLECTIONS PROCHAINES.

Ce qu'on ambitionne, ce qu'on désire le plus, lorsqu'on écrit pour le public, c'est de satisfaire ce même public ; ce serait d'obtenir tous les suffrages, si la chose était possible.

En rédigeant le peu de mots que j'ai publiés sur les élections prochaines, dans les départemens du Rhin, j'avais d'abord cherché à ne déplaire à personne. Je voulais présenter, sans exception, les éligibles qui se mettraient sur les rangs : il me semblait que j'obligeais, par là, tous les parens, tous les amis... Avec un peu de réflexion, je me suis convaincu de la vanité d'une telle espérance. Les uns et les autres auraient été fâchés de trouver, à côté de leur protégé, un nom qui vaudrait autant ou mieux que le sien : on eût voulu de la partialité, je ne pouvais être partial. Il a donc fallu renoncer à l'approbation de tous les amis, de tous les parens. Ceci, je le dis à regret, mais en toute sincérité, et sans m'attribuer une influence exclusive. Mes prétentions ne vont point jusques-là.

Des motifs d'une autre importance m'ont, d'ailleurs, décidé à n'indiquer que deux candidats consti-

tutionnels par département. Il m'a paru utile de res-
serrer ainsi le cadre de l'élection, parce qu'en sou-
mettant aux électeurs les noms de diverses personnes
qui, pour ceux-ci, mais non pour ceux-là, auraient
eu des droits aux suffrages, j'aurais peut-être jeté du
vague dans les esprits et occasionné une division fâ-
cheuse. C'est dans cette pensée, et soutenu par des
opinions d'un beaucoup plus grand poids que la
mienne, que j'ai imprimé les noms des quatre candidats, sur lesquels j'aurai l'occasion de revenir aujourd'hui. Dès l'époque où j'écrivais, ils réunissaient
un certain nombre de voix ; déjà, leur élection avait
le plus de probabilité : je ne cherchais pas autre chose.

J'aurais pu, je le sais, indiquer des candidats qui
auraient tout au moins balancé les suffrages de ceux
que j'ai présentés ; j'aurais pu leur trouver des con-
currents redoutables, soit dans les départemens de
l'Alsace, soit hors de ces départemens. Mais, je le
demande à tout homme de bonne foi, en signalant
tel individu, *qui ne se serait pas mis sur les rangs,
et auquel on ne songeait pas,* aurais-je fait autre
chose qu'affaiblir les chances du candidat libéral sur
qui l'attention des électeurs paraissait déjà se porter ?
Et quant aux personnes étrangères au département,
comment pouvais-je espérer de vaincre le préjugé
des Alsaciens sur les nominations de ce genre ? Fal-
lait-il, en ce moment, chercher à lutter contre ce préjugé, que je me suis permis de combattre plusieurs
fois ? N'était-ce pas une autre manière d'augmenter
les forces du parti ultrà, et, par conséquent, tour-
ner nos armes contre nous-mêmes ? Certes, je n'eusse
pas manqué de noms chers à la France, d'hommes
sur lesquels on doit compter pour la défense de nos
libertés ; mais je me suis rappelé la répugnance des
Alsaciens pour des choix faits ailleurs qu'en Alsace,

et j'ai pensé au *résultat*. Si je me suis permis une indication prise dans l'intérieur, c'est qu'elle m'a été fournie par eux-mêmes ; encore m'a-t-il fallu des renseignemens aussi positifs, que ceux dont j'ai fait usage, pour me livrer à cette désignation. A la vérité elle me venait du département de l'Alsace où l'on semble le moins partager cette erreur qui fait préférer les hommes du pays, fussent-ils d'un moindre mérite (1).

Je n'ai donc voulu qu'une chose en présentant les quatre noms déjà connus : être d'accord avec une portion assez considérable de l'opinion publique, et concilier, autant que les circonstances me le permettaient, les divers intérêts des deux départemens.

Tel est le but que je m'étais proposé dans mon premier écrit, tel est le but que je me propose encore dans celui-ci : on n'y remarquera d'autre différence que celle qui devait nécessairement résulter du changement de position de certains candidats.

Mais, ai-je suivi, dans mes indications, des données qui reposaient sur des bases certaines ? Ai-je consulté ceux que je devais consulter ? Le lecteur pourra tout à l'heure résoudre ces questions. Je m'expliquerai nettement.

En effet, de quoi s'agit-il ? De justifier les indications que je soumets aux électeurs. Mais, comme le meilleur moyen de parvenir à cette justification est de mettre en présence les droits des principaux con-

---

(1) Evitons néanmoins de la blâmer en tout cette préférence : on aime et l'on doit aimer à posséder chez soi les secours dont on a besoin. Seulement il convient d'y regarder à deux fois en matière d'élections. J'ai déjà eu l'occasion de le dire, un député n'est point *le représentant d'une localité ;* il est celui de toute la France.

currents, de quelque parti qu'ils soient, on se souviendra, j'ose l'espérer, que je n'écoute point seulement, ici, mon opinion personnelle; que je m'appuie de celle des plus respectables Alsaciens, d'hommes qui, je l'ai déjà dit, ont et justifient la confiance des deux départemens. Et qu'on veuille bien me pardonner d'avance les choses un peu dures qui pourraient m'échapper, en traitant cette question délicate; il ne faudrait s'en prendre qu'au besoin impérieux de faire connaître toute la vérité. Si, devant elle, aucune considération ne doit l'emporter, c'est surtout lorsqu'on discute le mérite des hommes appelés à remplir la plus haute, la plus noble de toutes les fonctions publiques. Je n'écris en haine de qui que ce soit, comme je ne me fais le défenseur de qui que ce soit. Je montre ce que je crois être le mieux: voilà tout.

BAS-RHIN.

Les suffrages se portent principalement sur cinq candidats, savoir: d'une part, MM. Rudler, Humann et Magnier-Grandprez; d'autre part, MM. Renouard et Reibel. Si, ce que je ne révoque point en doute, il est quelque prétendant que je ne nomme point ici, je puis avancer qu'il a très-peu de chances favorables.

Je n'ignore pas, qu'en dernier lieu, on a parlé de M. Marchal comme étant indiqué par des électeurs libéraux. Personne, plus que moi, ne rend justice au patriotisme et aux intentions de M. Marchal; personne, plus que moi, ne serait disposé à désirer son élection: je lui crois tout ce qu'il faut pour faire un bon député. Mais, par la même raison qui ne me permet pas d'hésiter à dire le bien que je pense de M. Marchal, quoiqu'assurément mon opinion puisse lui être fort indifférente, je ne balance pas à dire ce que je crains: c'est qu'il ne réunisse point assez de voix pour rendre nulles celles du candidat ministériel, c'est qu'en un mot, il ne puisse empêcher un mauvais choix. Et ce qui me confirme dans cette crainte, que je crois devoir exposer sans détour, c'est que par une incertitude qui peut devenir funeste, plusieurs électeurs, d'ailleurs bien intentionnés, opposent M. Marchal tantôt à M. Humann, tantôt à M. Magnier-Grandprez. Il y aurait un danger éminent à s'écarter de cette vérité: que si les électeurs patriotes veulent être forts, il faut qu'ils soient unis.

Quant à M. RUDLER, j'ai écrit, dans le temps, que sa santé ne lui permettrait pas d'accepter, et je devais aux électeurs de ne point les laisser dans l'incertitude à cet égard ; je l'ai écrit parce que je le savais, et je le savais parce que M. Rudler lui-même avait eu la bonté de me le dire. Il m'était revenu que cet ancien administrateur ne pouvait siéger à la chambre, et qu'il refuserait s'il était élu. Comme je ne pouvais croire légèrement à ce bruit, je pris la liberté d'aller trouver M. Rudler. C'est dans une entrevue, où ce digne citoyen fit preuve de désintéressement, de franchise, et de modestie, qu'il m'apprît que, depuis dix ans, il avait renoncé aux fonctions publiques. Les regrets que j'ai témoignés, en publiant cette circonstance, auraient dû convaincre, les plus incrédules que je n'avançais rien alors dont il me fût permis de douter.

Cependant les choses ont totalement changé de face depuis la publication de mon premier écrit. M. Rudler paraît avoir entendu les représentations qui lui ont été faites dans l'intérêt du département; il a mis de côté les considérations qui le portaient à désirer de n'être point élu, et sa santé lui laissant encore assez de forces pour se rendre aux vœux de ses commettans, j'ai la satisfaction de pouvoir affirmer aujourd'hui que M. Rudler, sans briguer le moins du monde les suffrages, dont pourtant il sentirait tout le prix, que M. Rudler, dis-je, ne refuserait pas la députation.

M. Rudler a rempli une longue carrière politique, et dans les diverses fonctions auxquelles il a été appelé, depuis trente ans, il s'est constamment fait remarquer par une rare intégrité et par un patriotisme éclairé. Il est Alsacien et digne de ce nom; il mérite la confiance de ses concitoyens: il sera le soutien des principes immuables d'égalité et de liberté dont l'aristocratie voudrait en-vain nous éloigner. Si la santé de M. Rudler ne lui permet pas de prendre souvent part à la discussion, du moins est-on sûr de son vote : et, je me plais à le répéter, un vote constitutionnel est toujours éloquent.

M. Rudler étant, sans contredit, le premier candidat libéral, c'est entre MM. Humann et Magnier-grandprez que le second paraît devoir être choisi. Avant que d'exprimer, à cet égard, une opinion que je crois celle de la majorité, j'éprouve le besoin de répondre à certains reproches que m'a valu l'indication de l'un et de l'autre.

J'ai dit que M. Humann, en possession de l'estime du département, serait élu d'emblée, et je le dis encore parce que je le crois. Mais si je ne suis entré dans aucun détail touchant cet estimable et riche négociant, que je savais être suffisamment connu, il n'en est pas moins convenable de réfuter ici les objections qui semblent avoir détaché de lui un certain nombre d'électeurs. C'est en cherchant à ne point déguiser ces objections, quelque singulières qu'elles puissent paraître, qu'il me sera facile de démontrer leur peu de fondement. Voici ce qu'on a dit : „ Il existe des rélations intimes entre M. Humann et la préfecture ; il a été particulièrement lié avec M. Decazes, l'ancien préfet : il a peut-être des grâces à demander au pouvoir…,, Ce raisonnement, est selon moi, évidemment faux et surtout inapplicable à M. Humann. De ce qu'on fréquente un fonctionnaire, il ne s'en suit pas, qu'on veuille soi-même le devenir ; de ce qu'on a pour ami un homme décoré de titres et de rubans, il ne s'en suit pas qu'on aspire soi-même à obtenir des rubans et des titres. Et quand cela serait, quand *l'homme privé* aurait le désir d'obtenir des distinctions, il serait également injuste d'en conclure que le *député* fût disposé à sacrifier à ces faveurs les devoirs qui lui sont imposés. Ce qui a pu être vrai pour quelques uns, serait ici dénué de la plus faible apparence. Je pourrais m'étendre beaucoup sur un tel chapitre : il est fertile en développemens et en citations. Mais je me rappelle la loyauté de M. Humann, et je borne là ma réponse.

Un second exemple de la prévention, qui dirige certains esprits, m'a été donné à l'occasion de M. *Magnier-Grandprez*. Mais avant que d'éclairer, je ne dis pas de combattre ses opposans, on me permettra de rappeler ce que j'ai écrit de M. Magnier-Grandprez dans cette occurrence. J'ai exposé franchement l'impression qu'avait dû laisser sa conduite ministérielle en 1816 et 1817 ; son retour vers de meilleurs principes, en 1818, époque à laquelle il votait avec le côté gauche ; enfin, les sentimens libéraux qu'il avait continué de manifester depuis 1819. Pour donner plus de poids à mes assertions, je n'ai nullement dissimulé l'opinion personnelle que j'avais moi-même conçue de M. Magnier-Grandprez au temps où il était ministériel. Mais je me suis appuyé, en le présentant cette année, de l'opinion de citoyens *qui font autorité* parmi les électeurs de l'Alsace, et j'ai dû croire comme eux, à l'époque ou j'écrivais, que M. *Magnier-Grandprez* pouvait seul éviter un choix malheureux au département du Bas-Rhin.

Cependant, quelques électeurs inflexibles, ne se sont point rendus à mes raisonnemens, et ont paru désirer que je leur fisse connaître plus amplement les motifs qui me dirigeaient en faveur de M. Magnier-Grandprez; c'est pour ceux-là que je me fais un devoir d'entrer aujourd'hui dans quelques détails à son sujet.

Je l'ai déjà dit, des Alsaciens patriotes, très-capables de juger de la conduite antérieure de M. Magnier-Grandprez, comme de sa capacité, et très-capables surtout d'apprécier son retour aux principes constitutionnels, ont pensé qu'il pouvait, qu'il devait l'emporter sur les candidats ministériels. C'est parce que telle a été mon opinion, que je l'ai placé à côté de M. Humann dans un moment où M. Rudler n'était point disposé à accepter.

J'aurais pu ajouter qu'outre les garanties morales qu'il offrait, M. Magnier-Grandprez m'avait donné d'autres garanties, et celles-ci sont positives, car elles sont *écrites*. Je possède, et je suis autorisé, sinon à publier, ce qui, aujourd'hui, serait inconvenant et prématuré, du moins à communiquer à ceux qui pourraient l'exiger, des documens qui doivent ne laisser aucun doute sur la conduite que tiendrait désormais M. Magnier-Grandprez comme député. Quelque défiant que je sois, je ne puis croire que l'on préfére l'animadversion de ses concitoyens à leur estime : on aime à léguer à ses enfans autre chose que la mémoire d'un parjure.

Plusieurs électeurs semblent s'être étrangement mépris sur les motifs qui m'ont fait présenter M. Magnier - Grandprez ; ils se rangeront à l'avis de ceux que mon premier écrit a trouvés sans prévention. Non, heureusement pour moi, je ne suis la dupe d'aucune flagornerie, d'aucune poignée de main, d'aucun *cher ami*. Si je vois les faiblesses dont un homme est capable, afin de gagner les suffrages , je sais voir aussi *l'impossibilité* où il sera d'abandonner la route constitutionnelle , une fois élu. Il me semble qu'avec un peu de réflexion, on se serait épargné quelque injustice relativement à M. Magnier-Grandprez. Certes, on ne disconviendra pas que si je l'ai voulu flatter en rappelant, sans réticence, la conduite qu'il tenait en 1816 et 1817, cette flatterie ressemblerait un peu trop à de très-dures vérités. On ne disconviendra pas que si j'eusse voulu prôner cet ancien député, je n'aurais pas manqué de rappeler les travaux dont il peut s'honorer : ses excellens discours contre le monopole du tabac et pour le transit, entre autres, n'eussent point échappé à mes éloges. J'aurais pu les signaler, je l'aurais dû peut-être : car il n'est pas juste de ne présenter que le mauvais côté des hommes et des choses.

Quoiqu'il en soit, j'avais parlé de M. Magnier-Grandprez par les motifs que je viens d'alléguer ; je persisterais à l'indiquer si M. Rudler était encore disposé à refuser, et si M. Humann ne semblait devoir réunir, après ce dernier, le plus de suffrages. Et je suis d'avance convaincu que M. Magnier-Grandprez poussera le désintéressement jusqu'à renoncer à se mettre sur les rangs, lorsqu'il apprendra l'heureuse détermination de M. Rudler, dont il sait, comme tant d'autres, apprécier le mérite.

Je ne parle point des candidats ultràs ou ministériels (car, ultrà et ministériel, aujourd'hui c'est tout un); je respecte leur opinion : personne n'a le droit de leur en demander compte. Mais ils ne seront point élus : les Alsaciens n'ont point changé. Que l'un ait été nommé à la présidence du collége, et que l'autre ait, dit-on, en perspective la place de conseiller de préfecture encore vacante : je vois là des faveurs ministérielles, j'y cherche vainement un titre à l'élection.

Les choix des deux nouveaux députés, dans le Bas-Rhin, semblent donc devoir se fixer sur MM. RUDLER et HUMANN.

HAUT-RHIN.

J'avais indiqué, comme principaux candidats constitutionnels, dans ce département, MM. JACQUES KŒCHLIN, de Mulhouse, et GEORGE LAFAYETTE, fils du général. Je puis assurer que les électeurs sont irrévocablement fixés sur le premier de ces candidats.

Quant à M. George Lafayette, j'ai le regret d'annoncer que l'élection de ce digne membre de la chambre des représentans paraissant très-probable dans son département (la Haute-Loire), les électeurs du Haut-Rhin ont dû aumoins ajourner un choix qui les eût tant honorés; et je dis *ajourner* avec intention : les colléges d'arrondissement de la Haute-Loire se réunissent neuf jours avant le collége départemental du Haut-Rhin. Il en résulte que les électeurs constitutionnels du Haut-Rhin n'ont pu encore se prononcer pour le second candidat. Je ne puis donc anticiper sur leur future décision; je ne puis donc prévoir, en ce moment, sur qui tomberait ce second choix si l'on devait renoncer à M. Lafayette. Mais je puis affirmer que la majorité du collége du Haut-Rhin est libérale, et que par conséquent les deux nouveaux députés seront libéraux. Et si je garde le silence sur tel ou tel personnage, qui se serait mis sur les rangs, c'est que je ne veux point donner mon opinion, ou celle de quelques uns, pour l'opinion du plus grand nombre; telles sont mes raisons, je les crois bonnes.

Je ne dirais rien, absolument rien, des candidats ministériels dans le Haut-Rhin, s'ils ne me rappelaient une circonstance que peut-être tous mes lecteurs ne connaissent pas. On m'assure, et j'ai lieu de croire que M. Sers a été remplacé dans la préfecture de ce département, parce qu'il n'a pu *répondre des élections*. M. le marquis de Puymaigre doit mieux qu'un autre savoir cela. Mais le plus curieux, en cette affaire, c'est le motif que l'autorité met en avant pour faire élire ses candidats. Gardez-vous, disent les agens salariés, gardez-vous de ne point nommer ceux que le ministère vous indique: *ce serait un soufflet donné au gouvernement...* Je ne veux point répéter, ici, ce que j'ai déja imprimé sur le danger de nommer des fonctionnaires publics députés. Le ministère s'est chargé lui-même d'éclairer les électeurs, à cet égard, en destituant ceux qui, comme M. Girardin, ont eu le courage de répondre: „ma place est au gouvernement, ma conscience est à moi „. Je répondrai seulement aux agens subalternes, prôneurs des candidats ministériels, que si ceux-là ne sont point élus, c'est que les électeurs connaissent à la fois et leur indépendance et leurs véritables intérêts. Le gouverne-

ment ne recevrait point de tels *soufflets*, pour me ser-
vir de l'expression obligée, s'il ne se mettait dans le
cas de les recevoir.

Ceci me conduit naturellement aux noms des deux
candidats ministériels dans le Haut-Rhin: ce sont
MM. MARANDET, agent d'affaires en Danemarck,
et MILLET DE CHEVERS, procureur général à la cour
royale de Colmar et protégé de M. Deserre.... Je
conclus de ces désignations, que d'avance le ministère regarde sa cause comme perdue dans ce département.

J'ai terminé la tâche que je m'étais imposée: je
crois avoir secondé les vœux des vrais Alsaciens. Leur
succès dépend d'eux; il doit être complet. Mais ils ne
peuvent oublier, et, malgré le petit nombre des opposans, je ne saurais trop répéter que *si les électeurs
patriotes veulent être forts, il faut qu'ils soient unis.*

AVIS.

AVIS.

———

On trouve, chez les libraires indiqués à la première page, l'écrit intitulé : *Des Élections prochaines dans les départemens du Haut-Rhin et du Bas-Rhin; par C. Marchand.*

On y trouve également le PROCÈS DU PATRIOTE ALSACIEN, ou *Défense prononcée devant la cour d'assises du Bas-Rhin, le 15 Juin 1820, par C. MARCHAND accusé de nombreuses provocations au crime et d'offenses envers la famille royale.* Cette dernière brochure contient en outre les *sept* articles incriminés par le ministère public. NOTA : *La censure a défendu à Paris la simple annonce de ce plaidoyer dans les journaux.*

———

STRASBOURG,

de l'imprimerie de Ph. J. DANNBACH, imprimeur de la Mairie.

www.ingramcontent.com/pod-product-compliance
Lightning Source LLC
Chambersburg PA
CBHW061223050726

47594CB00008B/3773